L'AMOUR DE DIEU ET LE MALHEUR

SIMONE WEIL

FV ÉDITIONS

TABLE DES MATIÈRES

L'amour de Dieu et le malheur   5

L'AMOUR, LE MAL ET LE MALHEUR

1. L'AMOUR   31
2. LE MAL   40
3. LE MALHEUR   55

L'AMOUR DE DIEU ET LE MALHEUR

Dans le domaine de la souffrance, le malheur est une chose à part, spécifique, irréductible. Il est tout autre chose que la simple souffrance. Il s'empare de l'âme et la marque, jusqu'au fond, d'une marque qui n'appartient qu'à lui, la marque de l'esclavage. L'esclavage tel qu'il était pratiqué dans la Rome antique est seulement la forme extrême du malheur. Les anciens, qui connaissaient bien la question, disaient : « Un homme perd la moitié de son âme le jour où il devient esclave. »

Le malheur est inséparable de la souffrance physique, et pourtant tout à fait distinct. Dans la souffrance, tout ce qui n'est pas lié à la douleur physique ou à quelque chose d'analogue est artificiel, imaginaire, et peut être anéanti par une disposition convenable de la pensée. Même dans l'absence ou la mort d'un être aimé, la part irréductible du chagrin est quelque chose comme une douleur physique, une difficulté à respirer. un étau autour du cœur, ou un besoin inassouvi, une faim, ou le désordre presque biologique causé par la libération brutale d'une énergie jusque-là orientée par un attachement et qui n'est plus dirigée. Un chagrin qui n'est pas ramassé autour d'un tel noyau irréductible est simplement du romantisme, de la littérature. L'humiliation aussi est un état violent de tout l'être corporel, qui veut bondir sous l'outrage, mais doit se retenir, contraint par l'impuissance ou la peur.

En revanche une douleur seulement physique est très peu de chose et ne laisse aucune trace dans l'âme. Le mal aux dents en est un exemple. Quelques heures de douleur violente causée par une dent gâtée, une fois passées, ne sont plus rien.

Il en est autrement d'une souffrance physique très longue ou très fréquente. Mais une telle souffrance est souvent tout autre chose qu'une souffrance ; c'est souvent un malheur.

Le malheur est un déracinement de la vie, un équivalent plus ou moins atténué de la mort, rendu irrésistiblement présent à l'âme par l'atteinte ou l'appréhension immédiate de la douleur physique. Si la douleur physique est tout à fait absente, il n'y a pas malheur pour l'âme, parce que la pensée se porte vers n'importe quel autre objet. La pensée fuit le malheur aussi promptement, aussi irrésistiblement qu'un animal fuit la mort. Il n'y a ici-bas que la douleur physique et rien d'autre qui ait la propriété d'enchaîner la pensée ; à condition qu'on assimile à la douleur physique certains phénomènes difficiles à décrire, mais corporels, qui lui sont rigoureusement équivalents. L'appréhension de la douleur physique, notamment, est de cette espèce.

Quand la pensée est contrainte par l'atteinte de la douleur physique, cette douleur fût-elle légère, de reconnaître la présence du malheur, il se produit un état aussi violent que si un condamné est contraint de regarder pendant des heures la guillotine qui va lui couper le cou. Des êtres humains peuvent vivre vingt ans, cinquante ans dans cet état violent. On passe à côté d'eux sans s'en apercevoir. Quel homme est capable de les discerner, si le Christ lui-même ne regarde pas par ses yeux ? On remarque seulement qu'ils ont parfois un comportement étrange, et on blâme ce comportement.

Il n'y a vraiment malheur que si l'événement qui a saisi une vie et l'a déracinée l'atteint directement ou indirectement dans toutes ses parties, sociales. psychologique, physique. Le facteur social est essentiel. Il n'y a pas vraiment malheur là où il n'y a pas sous une forme quelconque déchéance sociale ou appréhension d'une telle déchéance.

Entre le malheur et tous les chagrins qui, même s'ils sont très violents, très profonds, très durables, sont autre chose que le malheur proprement dit, il y a à la fois continuité et la séparation d'un seuil, comme pour la température d'ébullition de l'eau. Il y a une limite au-delà de laquelle se trouve le malheur et non en deçà. Cette limite n'est pas purement objective ; toutes sortes de facteurs personnels entrent dans le compte. Un même événement peut précipiter un être humain dans le malheur et non un autre.

La grande énigme de la vie humaine, ce n'est pas la souffrance, c'est le malheur. Il n'est pas étonnant que des innocents soient tués, torturés, chassés de leurs pays, réduits à la misère ou à l'esclavage, enfermés dans des camps ou des cachots puisqu'il se trouve des criminels pour accomplir ces actions. Il n'est pas étonnant non plus que la maladie impose de longues souffrances qui paralysent la vie et en font une image de la mort, puisque la nature est soumise à un jeu aveugle de nécessités mécaniques. Mais il est étonnant que Dieu ait donné au malheur la puissance de saisir l'âme elle-même des innocents et de s'en emparer en maître souverain. Dans le meilleur des cas, celui qui marque le malheur ne gardera que la moitié de son âme.

Ceux à qui il est arrivé un de ces coups après lesquels un être se débat sur le sol comme un ver à moitié écrasé, ceux-là n'ont pas de mots pour exprimer ce qui leur arrive. Parmi les gens qu'ils rencontrent, ceux qui, même ayant beaucoup souffert, n'ont jamais eu contact avec le malheur proprement dit n'ont aucune idée de ce que c'est. C'est quelque chose de spécifique, irréductible à toute autre chose comme les sons, dont rien ne peut donner aucune idée à un sourd-muet. Et ceux qui ont été eux-mêmes mutilés par le malheur sont hors d'état de porter secours à qui que ce soit et presque incapables même de le désirer. Ainsi la compassion à l'égard des malheureux est une impossibilité. Quand elle se produit vraiment, c'est un miracle plus surprenant que la marche sur les eaux, la guérison des malades et même la résurrection d'un mort.

Le malheur a contraint, le Christ à supplier d'être épargné, à chercher des consolations auprès des hommes, à se croire abandonné de son Père. Il a contraint un juste à crier contre Dieu, un juste aussi parfait que la nature seulement humaine le comporte, davantage peut-être, si Job est moins un personnage historique qu'une figure, du Christ. « Il se rit du malheur des innocents. » Ce n'est pas un blasphème, c'est un cri authentique arraché à la douleur. Le livre de Job, d'un bout à l'autre, est une pure merveille de vérité et d'authenticité. Au sujet du malheur, tout ce qui s'écarte de ce modèle est plus ou moins souillé de mensonge.

Le malheur rend Dieu absent pendant un temps, plus absent qu'un mort, plus absent que la lumière dans un cachot complètement ténébreux.

Une sorte d'horreur submerge toute l'âme. Pendant cette absence il n'y a rien à aimer. Ce qui est terrible, c'est que si, dans ces ténèbres où il n'y a rien à aimer, l'âme cesse d'aimer, l'absence de Dieu devient définitive. Il faut que l'âme continue à aimer à vide, ou du moins à vouloir aimer, fût-ce avec une partie infinitésimale d'elle-même. Alors un jour Dieu vient se montrer lui-même à elle et lui révéler la beauté du monde, comme ce fut le cas pour Job. Mais si l'âme cesse d'aimer, elle tombe dès ici-bas dans quelque chose de presque équivalent à l'enfer.

C'est pourquoi ceux qui précipitent dans le malheur des hommes non préparés à le recevoir tuent des âmes. D'autre part, à une époque comme la nôtre, où le malheur est suspendu sur tous, le secours apporté aux âmes n'est efficace que s'il va jusqu'à les préparer réellement au malheur. Ce n'est pas peu de chose.

Le malheur durcit et désespère parce qu'il imprime jusqu'au fond de l'âme, comme avec un fer rouge, ce mépris, ce dégoût et même cette répulsion de soi-même, cette sensation de culpabilité et de souillure, que le crime devrait logiquement produire et ne produit pas. Le mal habite dans l'âme du criminel sans y être senti. Il est senti dans l'âme de l'innocent malheureux. Tout se passe comme si l'état de l'âme qui par essence convient au criminel avait été séparé du crime et attaché au malheur ; et même à proportion de l'innocence des malheureux.

Si Job crie son innocence avec un accent si désespéré, c'est que lui-même n'arrive pas à y croire, c'est qu'en lui-même son âme prend le parti de ses amis. Il implore le témoignage de Dieu même, parce qu'il n'entend plus le témoignage de sa propre conscience ; ce n'est plus pour lui qu'un souvenir abstrait et mort.

La nature charnelle de l'homme lui est commune avec l'animal. Les poules se précipitent à coups de bec sur une poule blessée. C'est un phénomène aussi mécanique que la pesanteur. Tout le mépris, toute la répulsion, toute la haine que notre raison attache au crime, notre sensibilité l'attache au malheur. Excepté ceux dont le Christ occupe toute l'âme, tout le monde méprise plus ou moins les malheureux, quoique presque personne n'en ait conscience.

Cette loi de notre sensibilité vaut aussi à l'égard de nous-mêmes. Ce mépris, cette répulsion, cette haine, chez le malheureux, se tournent contre lui-même, pénètrent au centre de l'âme, et de là colorent de leur coloration empoisonnée l'univers tout entier. L'amour surnaturel, s'il a survécu, peut empêcher ce second effet de se produire, mais non pas le premier. Le premier est l'essence même du malheur ; il n'y a pas de malheur là où il ne se produit pas.

« Il a été fait malédiction pour nous. » Ce n'est

pas seulement le corps du Christ, suspendu au bois, qui a été fait malédiction, c'est aussi toute son âme. De même tout innocent dans le malheur se sent maudit. Même il en est encore ainsi de ceux qui ont été dans le malheur et en ont été retirés par un changement de fortune, s'ils ont été assez profondément mordus.

Un autre effet du malheur est de rendre l'âme sa complice, peu à peu, en y injectant un poison d'inertie. En quiconque a été malheureux assez longtemps, il y a une complicité à l'égard de son propre malheur. Cette complicité entrave tous les efforts qu'il pourrait faire pour améliorer son sort ; elle va jusqu'à l'empêcher de rechercher les moyens d'être délivré, parfois même jusqu'à l'empêcher de souhaiter la délivrance. Il est alors installé dans le malheur, et les gens peuvent croire qu'il est satisfait. Bien plus, cette complicité peut le pousser malgré lui à éviter, à fuir les moyens de la délivrance ; elle se voile alors sous des prétextes parfois ridicules. Même chez celui qui a été sorti du malheur, s'il a été mordu pour toujours jusqu'au fond de l'âme, il subsiste quelque chose qui le pousse à s'y précipiter de nouveau, comme si le malheur était installé en lui à la manière d'un parasite et le dirigeait à ses propres fins. Parfois cette impulsion l'emporte sur tous les mouvements de l'âme vers le bonheur. Si le malheur a pris fin par l'effet d'un bienfait, elle peut s'accompagner de haine contre le bienfaiteur ; telle est. la cause de certains actes d'ingratitude sauvage apparemment inexplicables. Il est parfois facile de délivrer un malheureux de son malheur présent, mais il est difficile de le libérer de son malheur passé. Dieu seul le peut. Encore la grâce de Dieu elle-même ne guérit-elle pas ici-bas la nature irrémédiablement blessée. Le corps glorieux du Christ portait les plaies.

On ne peut accepter l'existence du malheur qu'en le regardant comme une distance.

Dieu a créé par amour, pour l'amour. Dieu n'a pas créé autre chose que l'amour même et les moyens de l'amour. Il a créé toutes les formes de l'amour. Il a créé des êtres capables d'amour à toutes les distances possibles. Lui-même est allé, parce que nul autre ne pouvait le faire, à la distance maximum, la distance infinie. Cette distance infinie entre Dieu et Dieu, déchirement suprême, douleur dont aucune autre n'approche, merveille de l'amour, c'est la crucifixion. Rien ne peut être plus loin de Dieu que ce qui a été fait malédiction.

Ce déchirement par-dessus lequel l'amour suprême met le lien de la suprême union résonne perpétuellement à travers l'univers, au fond du silence, comme deux notes séparées et fondues, comme une harmonie pure et déchirante. C'est cela la Parole de Dieu. La création tout entière n'en est que la vibration. Quand la musique humaine dans sa plus grande pureté nous perce l'âme, c'est cela que nous entendons à travers elle.

Quand nous avons appris à entendre le silence, c'est cela que nous saisissons, plus distinctement, à travers lui.

Ceux qui persévèrent dans l'amour entendent cette note tout au fond de la déchéance où les a mis le malheur. À partir de ce moment ils ne peuvent plus avoir aucun doute.

Les hommes frappés de malheur sont au pied de la Croix, presque à la plus grande distance possible de Dieu. Il ne faut pas croire que le péché soit une distance plus grande. Le péché n'est pas une distance. C'est une mauvaise orientation du regard.

Il y a, il est vrai, une liaison mystérieuse entre cette distance et une désobéissance originelle. Dès l'origine, nous dit-on, l'humanité a détourné son regard de Dieu et marché dans la mauvaise direction aussi loin qu'elle pouvait aller. C'est qu'elle pouvait alors marcher. Nous, nous sommes cloués sur place, libres seulement de nos regards, soumis à la nécessité. Un mécanisme aveugle, qui ne tient nul compte du degré de perfection spirituelle, ballotte continuellement les hommes et en jette quelques-uns au pied même de la Croix. Il dépend d'eux seulement de garder ou non les yeux tournés vers Dieu à travers les secousses. Ce n'est pas que la Providence de Dieu soit absente. C'est par sa Providence que Dieu a voulu la nécessité comme un mécanisme aveugle.

Si le mécanisme n'était pas aveugle, il n'y aurait pas du tout de malheur. Le malheur est avant tout anonyme, il prive ceux qu'il prend de leur personnalité et en fait des choses. Il est indifférent, et c'est le froid de cette indifférence, un froid métallique, qui glace jusqu'au fond même de l'âme tous ceux qu'il touche. Ils ne retrouveront jamais plus la chaleur. Ils ne croiront jamais plus qu'ils sont quelqu'un.

Le malheur n'aurait pas cette vertu sans la part de hasard qu'il enferme. Ceux qui sont persécutés pour leur foi et qui le savent, quoi qu'ils aient à souffrir, ne sont pas des malheureux. Ils tombent dans le malheur seulement si la souffrance ou la peur occupent l'âme au point de faire oublier la cause de la persécution. Les martyrs livrés aux bêtes qui entraient dans l'arène en chantant n'étaient pas des malheureux. Le Christ était un malheureux. Il n'est pas mort comme un martyr. Il est mort comme un criminel de droit commun, mélangé aux larrons, seulement un peu plus ridicule. Car le malheur est ridicule.

Il n'y a que la nécessité aveugle qui puisse jeter des hommes au point de l'extrême distance, tout à côté de la Croix. Les crimes humains qui sont la cause de la plupart des malheurs font partie de la nécessité aveugle, car les criminels ne savent pas ce qu'ils font.

Il y a deux formes de l'amitié, la rencontre et la séparation. Elles sont indissolubles. Elles enferment toutes deux le même bien, le bien unique, l'amitié. Car quand deux êtres qui ne sont pas amis sont proches, il n'y a pas rencontre. Quand ils sont éloignés, il n'y a pas séparation. Enfermant le même bien, elles sont également bonnes.

Dieu se produit, se connaît soi-même parfaitement comme nous fabriquons et connaissons misérablement des objets hors de nous. Mais avant tout Dieu est amour. Avant tout Dieu s'aime soi-même. Cet amour, cette amitié en Dieu, c'est la Trinité. Entre les termes unis par cette relation d'amour divin, il y a plus que proximité, il y a proximité infinie, identité. Mais par la Création, l'Incarnation, la Passion, il y a aussi une distance infinie. La totalité de l'espace, la totalité du temps, interposant leur épaisseur, mettent une distance infinie entre Dieu et Dieu.

Les amants, les amis ont deux désirs. L'un de s'aimer tant qu'ils entrent l'un dans l'autre et ne fassent qu'un seul être. L'autre de s'aimer tant qu'ayant entre eux la moitié du globe terrestre leur union n'en souffre aucune diminution. Tout ce que l'homme désire vainement ici-bas est parfait et réel en Dieu. Tous ces désirs impossibles sont en nous comme une marque de notre destination, et ils sont bons pour nous dès que nous n'espérons plus les accomplir.

L'amour entre Dieu et Dieu, qui est lui-même Dieu, est ce lien à double vertu ; ce lien qui unit deux êtres au point qu'ils ne sont pas discernables et sont réellement un seul, ce lien qui s'étend par-dessus la distance et triomphe d'une séparation infinie. L'unité de Dieu où disparaît toute pluralité, l'abandon où croit se trouver le Christ sans cesser d'aimer parfaitement son Père, ce sont deux formes de la vertu divine du même Amour, qui est Dieu même.

Dieu est si essentiellement amour que l'unité, qui en un sens est sa définition même, est un simple effet de l'amour. Et à l'infinie vertu unificatrice de cet amour correspond l'infinie séparation dont elle triomphe, qui est toute la création, étalée à travers la totalité de l'espace et du temps, faite de matière mécaniquement brutale, interposée entre le Christ et son Père.

Nous autres hommes, notre misère nous donne le privilège infiniment précieux d'avoir part à cette distance placée entre le Fils et le Père. Mais cette distance n'est séparation que pour ceux qui aiment. Pour ceux qui aiment, la séparation, quoique douloureuse, est un bien, parce qu'elle est amour. La détresse même du Christ abandonné est un bien. Il ne peut pas y avoir pour nous ici-bas de plus grand bien que d'y avoir part. Dieu ici-bas ne peut pas nous être parfaitement présent, à cause de la chair. Mais il peut nous être dans l'extrême malheur presque parfaitement absent. C'est pour nous sur terre l'unique possibilité de perfection. C'est pourquoi la Croix est notre unique espoir. « Nulle forêt ne porte un tel arbre, avec cette fleur, ce feuillage et ce germe. »

Cet univers où nous vivons, dont nous sommes une parcelle, est cette distance mise par l'Amour divin entre Dieu et Dieu. Nous sommes un point dans cette distance. L'espace, le temps, et le mécanisme qui gouverne la matière sont cette distance. Tout ce que nous nommons le mal n'est que ce mécanisme. Dieu a fait en sorte que sa grâce, quand elle pénètre au centre même d'un homme et de là illumine tout son être, lui permet, sans violer les lois de la nature, de marcher sur les eaux. Mais quand un homme se détourne de Dieu, il se livre simplement à la pesanteur. Il croit ensuite vouloir et choisir, mais il n'est qu'une chose, une pierre qui tombe. Si l'on regarde de près, d'un regard vraiment attentif, les âmes et les sociétés humaines, on voit que partout où la vertu de la lumière surnaturelle est absente, tout obéit à des lois mécaniques aussi aveugles et aussi précises que les lois de la chute des corps. Ce savoir est bienfaisant et nécessaire. Ceux que nous nommons criminels ne sont que des tuiles détachées d'un toit par le vent et tombant au hasard. Leur seule faute est le choix initial qui a fait d'eux ces tuiles.

Le mécanisme de la nécessité se transpose à tous les niveaux en restant semblable à lui-même, dans la matière brute, dans les plantes, dans les animaux, dans les peuples, dans les âmes. Regardé du point où nous sommes, selon notre perspective, il est tout à fait aveugle. Mais si nous transportons notre cœur hors de nous-mêmes, hors de l'univers, hors de l'espace et du temps, là où est notre Père, et si de là nous regardons ce mécanisme, il apparaît tout autre. Ce qui semblait nécessité devient obéissance. La matière est entière passivité, et par suite entière obéissance à la volonté de Dieu. Elle est pour nous un parfait modèle. Il ne peut pas y avoir d'autre être que Dieu et ce qui obéit à Dieu. Par sa parfaite obéissance la matière mérite d'être aimée par ceux qui aiment son Maître, comme un amant regarde avec tendresse l'aiguille qui a été maniée par une femme aimée et morte. Nous sommes avertis de cette part qu'elle mérite à notre amour par la beauté du monde. Dans la beauté du monde la nécessité brute devient objet d'amour. Rien n'est beau comme la pesanteur dans les plis fugitifs des ondulations de la mer ou les plis presque éternels des montagnes.

La mer n'est pas moins belle à nos yeux parce que nous savons que parfois des bateaux sombrent. Elle en est plus belle au contraire. Si elle modifiait le mouvement de ses vagues pour épargner un bateau, elle serait un être doué de discernement et de choix. et non pas ce fluide parfaitement obéissant à toutes les pressions extérieures. C'est cette parfaite obéissance qui est sa beauté.

Toutes les horreurs qui se produisent en ce monde sont comme les plis imprimés aux vagues par la pesanteur. C'est pourquoi elles enferment une beauté. Parfois un poème, tel que *l'Iliade*, rend cette beauté sensible.

L'homme ne peut jamais sortir de l'obéissance à Dieu, Une créature ne peut pas ne pas obéir. Le seul choix offert à l'homme comme créature intelligente et libre, c'est de désirer l'obéissance ou de ne pas la désirer. S'il ne la désire pas, il obéit néanmoins, perpétuellement, en tant que chose soumise à la nécessité mécanique. S'il la désire. il reste soumis à la nécessité mécanique, mais une nécessité nouvelle s'y surajoute, une nécessité constituée par les lois propres aux choses surnaturelles. Certaines actions lui deviennent impossibles, d'autres s'accomplissent à travers lui parfois presque malgré lui.

Quand on a le sentiment que dans telle occasion on a désobéi à Dieu, cela veut dire simplement que pendant un temps on a cessé de désirer l'obéissance. Bien entendu, toutes choses égales d'ailleurs, un homme n'accomplit pas les mêmes actions selon qu'il consent ou non à l'obéissance ; de même qu'une plante, toutes choses égales d'ailleurs, ne pousse pas de la même manière selon qu'elle est dans la lumière ou dans les ténèbres. La plante n'exerce aucun contrôle, aucun choix dans l'affaire de sa propre croissance. Nous, nous sommes comme des plantes qui auraient pour unique choix de s'exposer ou non à la lumière.

Le Christ nous a proposé comme modèle la docilité de la matière en nous conseillant de regarder les lis des champs qui ne travaillent ni ne filent. C'est-à-dire qu'ils ne se sont pas proposé de revêtir telle ou telle couleur, ils n'ont pas mis en mouvement leur volonté ni disposé des moyens à cette fin, ils ont reçu tout ce que la nécessité naturelle leur apportait. S'ils nous paraissent infiniment plus beaux que de riches étoffes, ce n'est pas qu'ils soient plus riches, c'est par cette docilité. Le tissu aussi est docile, mais docile à l'homme, non à Dieu. La matière n'est pas belle quand elle obéit à l'homme, seulement quand elle obéit à Dieu. Si parfois, dans une œuvre d'art, elle apparaît presque aussi belle que dans la mer, les montagnes ou les fleurs, c'est que la lumière de Dieu a empli l'artiste. Pour trouver belles des choses fabriquées par des hommes non éclairés de Dieu, il faut avoir compris avec toute l'âme que ces hommes eux-mêmes ne sont que de la matière qui obéit sans le savoir. Pour celui qui en est là, absolument tout ici-bas est parfaitement beau. En tout ce qui existe, en tout ce qui se produit, il discerne le mécanisme de la nécessité, et il savoure dans la nécessité la douceur infinie de l'obéissance. Cette obéissance des choses est pour nous, par rapport à Dieu, ce qu'est la transparence d'une vitre par rapport à la lumière. Dès que nous sentons cette obéissance de tout notre être, nous voyons Dieu.

Quand nous tenons un journal à l'envers, nous

voyons les formes étranges des caractères imprimés. Quand nous le mettons à l'endroit, nous ne voyons plus les caractères, nous voyons des mots. Le passager d'un bateau pris par une tempête sent chaque secousse comme un bouleversement dans ses entrailles. Le capitaine y saisit seulement la combinaison complexe du vent, du courant, de la houle, avec la disposition du bateau. sa forme, sa voilure, son gouvernail.

Comme on apprend à lire, comme on apprend un métier, de même on apprend à sentir en toute chose, avant tout et presque uniquement l'obéissance de l'univers à Dieu. C'est vraiment un apprentissage. Comme tout apprentissage, il demande des efforts et du temps. Pour qui est arrivé au terme, il n'y a pas plus de différences entre les choses, entre les événements, que la différence sentie par quelqu'un qui sait lire devant une même phrase reproduite plusieurs fois, écrite à l'encre rouge, à l'encre bleue, imprimée en tels, tels et tels caractères. Celui qui ne sait pas lire ne voit là que des différences. Pour qui sait lire, tout cela est équivalent, puisque la phrase est la même. Pour qui a achevé l'apprentissage. les choses et les événements, partout, toujours, sont la vibration de la même parole divine infiniment douce. Cela ne veut pas dire qu'il ne souffre pas. La douleur est la coloration de certains événements. Devant une phrase écrite à l'encre rouge, celui qui sait lire et celui qui ne sait pas voient pareillement du rouge ;

mais la coloration rouge n'a pas la même importance pour l'un et pour l'autre.

Quand un apprenti se blesse ou bien se plaint de fatigue, les ouvriers, les paysans, ont cette belle parole : « C'est le métier qui rentre dans le corps. » Chaque fois que nous subissons une douleur, nous pouvons nous dire avec vérité que c'est l'univers, l'ordre du monde, la beauté du monde, l'obéissance de la création à Dieu qui nous entrent dans le corps. Dès lors comment ne bénirions-nous pas avec la plus tendre reconnaissance l'Amour qui nous envoie ce don ?

La joie et la douleur sont des dons également précieux, qu'il faut savourer l'un et l'autre intégralement, chacun dans sa pureté, sans chercher à les mélanger. Par la joie la beauté du monde pénètre dans notre âme. Par la douleur elle nous entre dans le corps. Avec la joie seule nous ne pourrions pas plus devenir amis de Dieu que l'on ne devient capitaine seulement en étudiant des manuels de navigation. Le corps a part dans tout apprentissage. Au niveau de la sensibilité physique, la douleur seule est un contact avec cette nécessité qui constitue l'ordre du monde ; car le plaisir n'enferme pas l'impression d'une nécessité. C'est une partie plus élevée de la sensibilité qui est capable de sentir la nécessité dans la joie, et cela seulement par l'intermédiaire du sentiment du beau. Pour que notre être devienne un jour sensible tout entier, de part en part, à cette obéissance qui est la substance de la matière, pour que se forme en nous ce sens nouveau qui permet d'entendre l'univers comme étant la vibration de la parole de Dieu, la vertu transformatrice de la douleur et celle de la joie sont également indispensables. Il faut ouvrir à l'une et à l'autre, quand l'une ou l'autre se présente, le centre même de l'âme, comme on ouvre sa porte aux messagers de celui qu'on aime. Qu'importe à une amante que le messager soit poli ou brutal, s'il lui tend un message ?

Mais le malheur n'est pas la douleur. Le malheur est bien autre chose qu'un procédé pédagogique de Dieu.

L'infinité de l'espace et du temps nous séparent de Dieu. Comment le chercherions-nous ? Comment irions-nous vers lui ? Quand même nous marcherions tout au long des siècles, nous ne ferions pas autre chose que tourner autour de la terre. Même en avion, nous ne pourrions pas faire autre chose. Nous sommes hors d'état d'avancer verticalement. Nous ne pouvons pas faire un pas vers les cieux. Dieu traverse l'univers et vient jusqu'à nous.

Par-dessus l'infinité de l'espace et du temps, l'amour infiniment plus infini de Dieu vient nous saisir. Il vient à son heure. Nous avons le pouvoir de consentir à l'accueillir ou de refuser. Si nous restons sourds il revient et revient encore comme un mendiant, mais aussi, comme un mendiant, un jour ne revient. plus. Si nous consentons, Dieu met en nous une petite graine et s'en va. À partir de ce moment, Dieu n'a plus rien à faire ni nous non plus, sinon attendre. Nous devons seulement ne pas regretter le consentement que nous avons accordé, le oui nuptial. Ce n'est pas aussi facile qu'il semble, car la croissance de la graine en nous est douloureuse. De plus, du fait même que nous acceptons cette croissance, nous ne pouvons nous empêcher de détruire ce qui la gênerait, d'arracher des mauvaises herbes, de couper du chiendent ; et malheureusement ce chiendent fait partie de notre chair même, de sorte que ces soins de jardinier sont une opération violente. Néanmoins la graine, somme toute, croît toute seule. Un jour vient où l'âme appartient à Dieu, où non seulement elle consent à l'amour, mais où vraiment, effectivement, elle aime. Il faut alors à son tour qu'elle traverse l'univers pour aller jusqu'à Dieu. L'âme n'aime pas comme une créature d'un amour créé. Cet amour en elle est divin, incréé, car c'est l'amour de Dieu pour Dieu qui passe à travers elle. Dieu seul est capable d'aimer Dieu. Nous pouvons seulement consentir à perdre nos sentiments propres pour laisser passage en notre âme à cet amour. C'est cela se nier soi-même. Nous ne sommes créés que pour ce consentement.

L'amour divin a traversé l'infinité de l'espace et du temps pour aller de Dieu à nous. Mais comment peut-il refaire le trajet en sens inverse quand il part d'une créature finie ? Quand la graine d'amour divin déposée en nous a grandi, est devenue un arbre, comment pouvons-nous, nous qui la portons, la rapporter à son origine, faire en sens inverse le voyage qu'a fait Dieu vers nous, traverser la distance infinie ?

Cela semble impossible, mais il y a un moyen. Ce moyen, nous le connaissons bien. Nous savons bien à la ressemblance de quoi est fait cet arbre qui a poussé en nous, cet arbre si beau, où les oiseaux du ciel se posent. Nous savons quel est le plus beau de tous les arbres. « Nulle forêt n'en porte un pareil. » Quelque chose d'encore un peu plus affreux qu'une potence, voilà le plus beau des arbres. C'est cet arbre dont Dieu a mis la graine en nous, sans que nous sachions quelle était cette graine. Si nous avions su, nous n'aurions pas dit oui au premier moment. C'est cet arbre qui a poussé en nous, qui est devenu indéracinable. Seule une trahison peut le déraciner.

Quand on frappe avec un marteau sur un clou, le choc reçu par la large tête du clou passe tout entier dans la pointe, sans que rien s'en perde, quoiqu'elle ne soit qu'un point. Si le marteau et la tête du clou étaient infiniment grands, tout se passerait encore de même. La pointe du clou transmettrait au point sur lequel elle est appliquée ce choc infini.

L'extrême malheur, qui est à la fois douleur physique, détresse de l'âme et dégradation sociale, constitue ce clou. La pointe est appliquée au centre même de l'âme. La tête du clou est toute la nécessité éparse à travers la totalité de l'espace et du temps.

La malheur est une merveille de la technique divine. C'est un dispositif simple et ingénieux qui fait entrer dans l'âme d'une créature finie cette immensité de force aveugle, brutale et froide. La distance infinie qui sépare Dieu de la créature se rassemble tout entière en un point pour percer une âme en son centre.

L'homme à qui pareille chose arrive n'a aucune part à cette opération. Il se débat comme un papillon qu'on épingle vivant sur un album. Mais il peut à travers l'horreur continuer à vouloir aimer. Il n'y a à cela aucune impossibilité, aucun obstacle, on pourrait presque dire aucune difficulté. Car la douleur la plus grande, tant qu'elle est en deçà de l'évanouissement, ne touche pas à ce point de l'âme qui consent à une bonne orientation.

Il faut seulement savoir que l'amour est une orientation et non pas un état d'âme. Si on l'ignore on tombe dans le désespoir dès la première atteinte du malheur.

Celui dont l'âme reste orientée vers Dieu pendant qu'elle est percée d'un clou se trouve cloué sur le centre même de l'univers. C'est le vrai centre, qui n'est pas au milieu, qui est hors de l'espace et du temps, qui est Dieu. Selon une dimension qui n'appartient pas à l'espace, qui n'est pas le temps, qui est une tout autre dimension, ce clou a percé un trou à travers la création, à travers l'épaisseur de l'écran qui sépare l'âme de Dieu.

Par cette dimension merveilleuse, l'âme peut, sans quitter le lieu et l'instant où se trouve le corps auquel elle est liée, traverser la totalité de l'espace et du temps et parvenir devant la présence même de Dieu.

Elle se trouve à l'intersection de la création et du Créateur. Ce point d'intersection, c'est celui du croisement des branches de la Croix.

Saint Paul songeait peut-être à des choses de ce genre quand il disait : « Soyez enracinés dans l'amour, afin d'être capables de saisir ce que sont la largeur, la longueur. la hauteur et la profondeur, et de connaître ce qui passe toute connaissance, l'amour du Christ. »

L'AMOUR, LE MAL ET LE MALHEUR

Fragments issus du recueil
« *La Pesanteur et la Grâce* »

1
L'AMOUR

L'amour est un signe de notre misère. Dieu ne peut aimer que soi. Nous ne pouvons aimer qu'autre chose.

Ce n'est pas parce que Dieu nous aime que nous devons l'aimer. C'est parce que Dieu nous aime que nous devons nous aimer. Comment s'aimer soi-même sans Ce motif ?

L'amour de soi est impossible à l'homme, sinon par ce détour.

Si on me bande les yeux et si on m'enchaîne les mains sur un bâton, ce bâton me sépare des choses, mais par lui je les explore. Je ne sens que le bâton, je ne perçois que le mur. De même les créatures pour la faculté d'aimer. L'amour surnaturel ne touche que les créatures et ne va qu'à Dieu. Il n'aime que les créatures (qu'avons-nous d'autre à aimer ?) mais comme intermédiaires. À ce titre, il aime également toutes les créatures, y compris soi-même. Aimer un étranger comme soi-même implique comme contrepartie : s'aimer soi-même comme un étranger.

L'amour de Dieu est pur quand la joie et la souffrance inspirent une *égale* gratitude.

L'amour, chez celui qui est heureux, est de vouloir partager la souffrance de l'aimé malheureux.
    L'amour, chez celui qui est malheureux est d'être comblé par la simple connaissance que l'aimé est dans la joie, sans avoir part à cette joie, ni même désirer y avoir part.

Aux yeux de Platon, l'amour charnel est une image dégradée du véritable amour. L'amour humain chaste (fidélité conjugale) en est une image moins dégradée. L'idée de : sublimation ne pouvait surgir que dans la stupidité contemporaine.
    Amour du Phèdre. Il n'exerce ni ne subit la force. C'est là. l'unique pureté. Le contact avec le glaive comporte la même souillure, qu'il se fasse du côté

de la poignée ou du côté de la pointe. À celui qui aime, le froid du métal n'ôtera pas l'amour, mais donnera le sentiment d'être abandonné de Dieu. L'amour surnaturel n'a aucun contact avec la force mais aussi il ne protège pas l'âme contre le froid de la force, le froid du fer. Seul un attachement terrestre, s'il renferme assez d'énergie, peut protéger contre le froid du fer. L'armure est faite de métal comme le glaive. À celui qui n'aime que d'un amour pur, le meurtre glace l'âme, qu'il en soit l'auteur ou la victime, et tout ce qui, sans aller jusqu'à la mort même, est violence. Si l'on désire un amour qui protège l'âme contre les blessures, il faut aimer autre chose que Dieu.

L'amour tend à aller toujours plus loin. Mais il a une limite. Quand la limite est dépassée, l'amour se tourne en haine. Il faut, pour éviter cette modification, que l'amour devienne autre.

Parmi les êtres humains, on ne reconnaît pleinement l'existence que de ceux qu'on aime.

La croyance à l'existence d'autres êtres humains comme tels est *amour*.

L'esprit n'est forcé de croire à l'existence de rien (subjectivisme, idéalisme absolu, solipsisme, scepticisme : voir les Upanishads, les Taoïstes et Platon, qui, tous, usent de cette attitude philosophique à titre de purification). C'est pourquoi le seul organe de contact avec l'existence est l'acceptation, l'amour. C'est pourquoi beauté et réalité sont identiques. C'est pourquoi la joie et le sentiment de réalité sont identiques.

Ce besoin d'être le créateur de ce qu'on aime, c'est un besoin d'imitation de Dieu. Mais c'est un penchant à la fausse divinité. À moins qu'on n'ait recours au modèle vu de l'autre côté du ciel...

Amour pur des créatures : non pas amour en Dieu, mais amour qui a passé par Dieu comme par le feu. Amour qui se détache complètement des créatures pour monter à Dieu et en redescend associé à l'amour créateur de Dieu.

Ainsi s'unissent les deux contraires qui déchirent l'amour humain : aimer l'être aimé tel qu'il est et vouloir le recréer.

Amour imaginaire pour les créatures. On est attaché par une corde à tous les objets d'attachements, et une corde peut toujours se couper. On est aussi attaché par une corde au Dieu imaginaire, au Dieu pour qui l'amour est aussi attachement. Mais au Dieu réel on n'est pas attaché, et c'est pourquoi il n'y a pas de corde qui puisse être coupée. Il entre en nous. Lui seul peut entrer en nous. Toutes les autres choses restent en dehors, et nous ne connaissons d'elles que les tensions de degré et de direction variables imprimées à la corde quand il y a déplacement d'elles ou de nous.

• • •

L'amour a besoin de réalité. Aimer à travers une apparence corporelle un être imaginaire, quoi de plus atroce, le jour où l'on s'en aperçoit ? Bien plus atroce que la mort, car la mort n'empêche pas l'aimé d'avoir été.

C'est la punition du crime d'avoir nourri l'amour avec de l'imagination.

C'est une lâcheté que de chercher auprès des gens qu'on aime (ou de désirer leur donner) un autre réconfort que celui que nous donnent les œuvres d'art, qui nous aident du simple fait qu'elles *existent*. Aimer, être aimé, cela ne fait que rendre mutuellement cette existence plus concrète, plus constamment présente à l'esprit. Mais elle doit être présente comme la source des pensées, non comme leur objet. S'il y a lieu de désirer être compris, ce n'est pas pour soi, mais pour l'autre, afin d'exister pour lui.

Tout ce qui est vil ou médiocre en nous se révolte contre la pureté et a besoin, pour sauver sa vie, de souiller cette pureté.

Souiller, c'est modifier, c'est toucher. Le beau est ce qu'on ne peut pas vouloir changer. Prendre puissance sur, c'est souiller. Posséder, c'est souiller.

Aimer purement, c'est consentir à la distance, c'est adorer la distance entre soi et ce qu'on aime.

L'imagination est toujours liée à un désir, c'est-à-dire à une valeur. Seul le désir sans objet est vide d'imagination. Il y a présence réelle de Dieu dans toute chose que l'imagination ne voile pas. Le beau capture le désir en nous et le vide d'objet en lui donnant un objet présent et en lui interdisant ainsi de s'élancer vers l'avenir.

Tel est le prix de l'amour chaste. Tout désir de jouissance se situe dans l'avenir, dans l'illusoire. Au lieu que si l'on désire seulement qu'un être existe, il existe : que désirer alors de plus ? L'être aimé est alors nu et réel, non voilé par de l'avenir imaginaire. L'avare ne regarde jamais son trésor sans l'imaginer n fois plus grand. Il faut être mort pour voir les choses nues.

Ainsi, dans l'amour, il y a chasteté ou manque de chasteté selon que le désir est dirigé ou non vers l'avenir.

En ce sens, et à condition qu'il ne soit pas dirigé vers une pseudo-immortalité conçue sur le modèle de l'avenir, l'amour qu'on voue aux morts est parfaitement pur. Car c'est le désir d'une vie finie qui ne peut plus rien donner de nouveau. On désire que le mort ait existé, et il a existé.

. . .

Là où l'esprit cesse d'être principe, il cesse aussi d'être fin. D'où la connexion rigoureuse entre la « pensée » collective sous toutes ses formes et la perte du sens, du respect des âmes. L'âme, c'est l'être humain considéré comme ayant une valeur en soi. Aimer l'âme d'une femme, c'est ne pas penser à cette femme en fonction de son propre plaisir, etc. L'amour ne sait plus contempler, il veut posséder (disparition de l'amour platonique).

C'est une faute que de désirer être compris avant de s'être élucidé soi-même à ses propres yeux. C'est rechercher des plaisirs dans l'amitié, et non mérités. C'est quelque chose de plus corrupteur encore que l'amour. Tu vendrais ton âme pour l'amitié.

Apprends à repousser l'amitié, ou plutôt le rêve de l'amitié. Désirer l'amitié est une grande faute. L'amitié doit être une joie gratuite comme celles que donne l'art, ou la vie. Il faut la refuser pour être digne de la recevoir : elle est de l'ordre de la grâce («Mon Dieu, éloignez-vous de moi... »). Elle est de ces choses qui sont données par surcroît. Tout rêve d'amitié mérite d'être brisé. Ce n'est pas par hasard que tu n'as jamais été aimée... Désirer échapper à la solitude est une lâcheté. L'amitié ne se recherche pas, ne se rêve pas, ne se désire pas ; elle s'exerce (c'est une vertu).

Abolir toute cette marge de sentiment, impure et trouble. Schluss !

Ou plutôt (car il ne faut pas élaguer en soi avec trop de rigueur), tout ce qui, dans l'amitié, ne passe pas en échanges effectifs doit passer en pensées réfléchies. Il est bien inutile de se passer de la vertu inspiratrice de l'amitié. Ce qui doit être sévèrement interdit, c'est de rêver aux jouissances du sentiment. C'est de la corruption. Et c'est aussi bête que de rêver à la musique ou à la peinture. L'amitié ne se laisse pas détacher de la réalité, pas plus que le beau. Elle constitue un miracle, comme le beau. Et le miracle consiste simplement dans le fait qu'elle *existe*. À vingt-cinq ans, il est largement temps d'en finir radicalement avec l'adolescence...

Ne te laisse mettre en prison par aucune affection. Préserve ta solitude. Le jour, s'il vient jamais, où une véritable affection te serait donnée, il n'y aurait pas d'opposition entre la solitude intérieure et l'amitié, au contraire. C'est même à ce signe infaillible que tu la reconnaîtras. Les autres affections doivent être disciplinées sévèrement.

Les mêmes mots (ex. un homme dit à sa femme : je vous aime) peuvent être vulgaires ou extraordinaires selon la manière dont ils sont prononcés. Et cette manière dépend de la profondeur de la région de l'être d'où ils procèdent, sans que la volonté y puisse rien. Et, par un accord merveilleux, ils vont toucher, chez celui qui écoute, la même région. Ainsi celui qui écoute peut discerner, s'il a du discernement, ce que valent ces paroles.

Le bienfait est permis précisément parce qu'il constitue une humiliation plus grande encore que la douleur, une épreuve encore plus intime et plus irrécusable de dépendance. Et la reconnaissance est prescrite pour cette raison parce que c'est là l'usage à faire du bienfait reçu. Mais ce doit être la dépendance à l'égard du sort et non d'un être humain déterminé. C'est pourquoi le bienfaiteur a l'obligation d'être entièrement absent du bienfait. Et la reconnaissance ne doit à aucun degré constituer un attachement car c'est là la reconnaissance des chiens.

La reconnaissance est d'abord le fait de celui qui secourt, si le secours est pur. Elle n'est due par l'obligé qu'à titre de réciprocité.

Pour éprouver une gratitude pure (le cas de l'amitié étant mis à part), j'ai besoin de penser qu'on me traite bien, non par pitié, ou par sympathie, ou par caprice, à titre de faveur ou de privilège, ni non plus par un effet naturel du tempérament, mais par désir de faire ce que la justice exige. Donc celui qui me traite ainsi souhaite que tous ceux qui sont dans ma situation soient traités ainsi par tous ceux qui sont dans la sienne.

2
LE MAL

La création : le bien mis en morceaux et éparpillé a travers le mal.
Le mal est l'illimité, mais il n'est pas l'infini.
Seul l'infini limite l'illimité.

Monotonie du mal : rien de nouveau, tout y est *équivalent*. Rien de réel, tout y est imaginaire.
C'est à cause de cette monotonie que la quantité joue un si grand rôle. Beaucoup de femmes (don Juan) ou d'hommes (Célimène), etc. Condamné à la fausse infinité. C'est là l'enfer même.

. . .

Le mal, c'est la licence, et c'est pourquoi il est monotone : il y faut tout tirer de soi. Or il n'est pas donné à l'homme de créer. C'est une mauvaise tentative pour imiter Dieu.

Ne pas connaître et accepter cette impossibilité de créer est la source de beaucoup d'erreurs. Il nous faut imiter l'acte de créer, et il y a deux imitations possibles - l'une réelle, l'autre apparente - conserver et détruire.

Pas de trace de « je » dans la conservation. Il y en a dans la destruction. « Je » laisse sa marque sur le monde en détruisant.

Littérature et morale. Le mal imaginaire est romantique, varié, le mal réel morne, monotone, désertique, ennuyeux. Le bien imaginaire est ennuyeux ; le bien réel est toujours nouveau, merveilleux, enivrant. Donc la « littérature d'imagination » est ou ennuyeuse ou immorale (ou un mélange des deux). Elle n'échappe à cette alternative qu'en passant en quelque sorte, à force d'art, du côté de la réalité - ce que le génie seul peut faire.

Une certaine vertu inférieure est une image dégradée du bien, dont il faut se repentir, et dont il est plus difficile de se repentir que du mal. Pharisien et publicain.

Le bien comme contraire du mal lui est équivalent en un sens comme tous les contraires.

Ce que le mal viole, ce n'est pas le bien, car le bien est inviolable ; on ne viole qu'un bien dégradé.

Ce qui est directement contraire à un mal n'est jamais de l'ordre du bien supérieur. À peine au-dessus du mal, souvent ! Exemples : vol et respect bourgeois de la propriété, adultère et « honnête femme » ; caisse d'épargne et gaspillage ; mensonge et « sincérité ».

Le bien est essentiellement autre que le mal. Le mal est multiple et fragmentaire, le bien est un, le mal est apparent, le bien est mystérieux ; le mal consiste en actions, le bien en non-action, en action non agissante, etc. Le bien pris au niveau du mal et s'y opposant comme un contraire à un contraire est un bien de code pénal. Au-dessus se trouve un bien qui, en un sens, ressemble plus au mal qu'à cette forme basse du bien. Cela rend possible beaucoup de démagogie et de paradoxes fastidieux.

    Le bien qui se définit à la façon dont on définit le mal doit être nié. Or le mal le nie. Mais il le nie mal.

. . .

Y a-t-il union de vices incompatibles chez les êtres voués au mal ? Je ne crois pas. Les vices sont soumis à la pesanteur, et c'est pourquoi il n'y a pas de profondeur, de transcendance dans le mal.

On n'a l'expérience du bien qu'en l'accomplissant.

On n'a l'expérience du mal qu'en s'interdisant de l'accomplir, ou, si on l'a accompli, qu'en s'en repentant.

Quand on accomplit le mal, on ne le connaît pas, parce que le mal fuit la lumière.

Est-ce que le mal, tel qu'on le conçoit lorsqu'on ne le fait pas, existe ? Le mal qu'on fait ne semble-t-il pas quelque chose de simple, de naturel qui s'impose ? Le mal n'est-il pas analogue à l'illusion ? L'illusion, quand on en est victime, n'est pas sentie comme une illusion, mais comme une réalité. De même, peut-être le mal. Le mal, quand on y est, n'est pas senti comme mal, mais comme nécessité ou même comme devoir.

Dès qu'on fait le mal, le mal apparaît comme une sorte de devoir. La plupart ont le sentiment du devoir dans certaines choses mauvaises et d'autres bonnes. Un même homme éprouve comme un devoir de vendre aussi cher qu'il peut et de ne pas voler , etc. Le bien chez eux est au niveau du mal, un bien sans lumière.

• • •

La sensibilité de l'innocent qui souffre est comme du crime sensible. Le vrai crime n'est pas sensible. L'innocent qui souffre sait la vérité sur son bourreau, le bourreau ne la sait pas. Le mal que l'innocent sent en lui-même est dans son bourreau, mais il n'y est pas sensible. L'innocent ne peut connaître le mal que comme souffrance. Ce qui dans le criminel n'est pas sensible, c'est le crime. Ce qui dans l'innocent n'est pas sensible, c'est l'innocence.

C'est l'innocent qui peut sentir l'enfer.

Le péché que nous avons en nous sort de nous et se propage au-dehors, en exerçant une contagion sous forme de péché. Ainsi, quand nous sommes irrités, notre entourage s'irrite. Ou encore, de supérieur à inférieur : la colère suscite la peur. Mais au contact d'un être parfaitement pur, il y a transmutation, et le péché devient souffrance. Telle est la fonction du juste d'Isaïe, de l'agneau de Dieu. Telle est la souffrance rédemptrice. Toute la violence criminelle de l'Empire romain s'est heurtée au Christ, et, en lui, est devenue pure souffrance. Les êtres mauvais au contraire transforment la simple souffrance (par exemple la maladie) en péché.

Il s'ensuit peut-être que la douleur rédemptrice

doit être d'origine sociale. Elle doit être injustice, violence exercée par des êtres humains.

Le faux Dieu change la souffrance en violence. Le vrai Dieu change la violence en souffrance.

La souffrance expiatrice est le choc en retour du mal qu'on fait. Et la souffrance rédemptrice est l'ombre du bien pur qu'on désire.

L'acte méchant est un transfert sur autrui de la dégradation qu'on porte en soi. C'est pourquoi on y incline comme vers une délivrance.

Tout crime est un transfert du mal de celui qui agit sur celui qui subit. L'amour illégitime comme le meurtre.

L'appareil de la justice pénale a été tellement contaminé de mal depuis des siècles qu'il est au contact des malfaiteurs, sans purification compensatrice, qu'une condamnation est très souvent un transfert de mal de l'appareil pénal sur le condamné, et cela même s'il est coupable et si la peine n'est pas disproportionnée. Les criminels endurcis sont les seuls auxquels l'appareil pénal ne peut pas faire de mal. Aux innocents, il fait un mal affreux.

Quand il y a transfert de mal, le mal n'est pas diminué, mais augmenté chez celui d'où il procède. Phénomène de multiplication. Il en est de même pour le transfert du mal qui s'opère sur des objets.

Alors, où mettre le mal ?

Il faut le transférer de la partie impure dans la partie pure de soi-même, le transmuant ainsi en souffrance pure. Le crime qu'on a en soi, il faut l'infliger à soi.

Mais on aurait vite fait ainsi de souiller le point de pureté intérieure si on ne le renouvelait pas par le contact avec une pureté inaltérable placée en dehors de toute atteinte.

La patience consiste à ne pas transformer la souffrance en crime. Cela suffit déjà à transformer du crime en souffrance.

Transférer le mal sur des choses extérieures, c'est déformer les rapports des choses. Ce qui est exact et déterminé, nombre, proportion, harmonie, résiste à cette déformation. Quel que soit mon état de vigueur ou de lassitude, dans cinq kilomètres, il y a cinq bornes kilométriques. C'est pourquoi le nombre fait mal quand on souffre : il s'oppose à l'opération de transfert. Fixer l'attention sur ce qui est trop rigoureux pour être déformé par mes modifications intérieures, c'est préparer en moi l'apparition d'un invariant et l'accès à l'éternel.

Accepter le mal qu'on nous fait comme remède à celui que nous avons fait.

Ce n'est pas la souffrance qu'on s'impose à soi-même, mais celle qu'on subit du dehors qui est le vrai remède. Et même il faut qu'elle soit injuste. Quand on a péché par injustice, il ne suffit pas de souffrir justement, il faut souffrir l'injustice.

La pureté est absolument invulnérable en tant que pureté, en ce sens que nulle violence ne la rend moins pure. Mais elle est éminemment vulnérable en ce sens que toute atteinte du mal la fait souffrir, que tout péché qui la touche devient en elle souffrance.

Si l'on me fait du mal, désirer que ce mal ne se dégrade pas, par amour pour celui qui me l'inflige, afin qu'il n'ait pas vraiment fait du mal.

Les saints (les presque saints) sont plus exposés que les autres au diable, parce que la connaissance réelle qu'ils ont de leur misère leur rend la lumière *presque* intolérable.

Le péché contre l'Esprit consiste à connaître une chose comme bonne et à la haïr en tant que bonne. On en éprouve l'équivalent sous forme de résistance toutes les fois qu'on s'oriente vers le bien. Car tout contact avec le bien produit une connaissance de la distance entre le mal et le bien et un commencement d'effort pénible d'assimilation. C'est une douleur, et on a peur. Cette peur est peut-être le signe de la réalité du contact. Le péché correspondant ne peut se produire que si le manque d'espérance rend la conscience de la distance intolérable et change la douleur en haine. L'espérance est un remède à cet égard. Mais un remède meilleur est l'indifférence à soi, et d'être heureux que le bien soit le bien, quoiqu'on en soit loin, et même dans la supposition où on serait destiné à s'en éloigner infiniment.

Une fois un atome de bien pur entré dans l'âme, la plus grande, la plus criminelle faiblesse est infiniment moins dangereuse que la plus minime trahison, celle-ci se réduirait-elle à un mouvement purement intérieur de la pensée, ne durant qu'un instant, mais consenti. C'est la participation à l'enfer. Tant que l'âme n'a pas goûté au bien pur, elle est séparée de l'enfer comme du paradis.

Un choix infernal n'est possible que par l'attachement au salut. Qui ne désire pas la joie de Dieu, mais est satisfait de savoir qu'il y a réellement joie en Dieu, tombe mais ne trahit pas.

Quand on aime Dieu à travers le mal comme tel, c'est vraiment Dieu qu'on aime.

Aimer Dieu à travers le mal comme tel. Aimer Dieu à travers le mal que l'on hait, en haïssant ce mal. Aimer Dieu comme auteur du mal qu'on est en train de haïr.

Le mal est à l'amour ce qu'est le mystère à l'intelligence. Comme le mystère contraint la vertu de foi à être surnaturelle, de même le mal pour la vertu de charité. Et essayer de trouver des compensations, des justifications au mal est aussi nuisible pour la charité que d'essayer d'exposer le contenu des mystères sur le plan de l'intelligence humaine.

Discours d'Ivan dans les Karamazov : « Quand même cette immense fabrique apporterait les plus extraordinaires merveilles et ne coûterait qu'une seule larme d'un seul enfant, moi je refuse. »

J'adhère complètement à ce sentiment. Aucun motif, quel qu'il soit, qu'on puisse me donner pour compenser une larme d'un enfant ne peut me faire accepter cette larme. Aucun absolument que l'intelligence puisse concevoir. Un seul, mais qui n'est intelligible qu'à l'amour surnaturel : Dieu l'a voulu. Et pour ce motif-là, j'accepterais aussi bien un monde qui ne serait que mal qu'une larme d'enfant.

L'agonie est la suprême nuit obscure dont même les parfaits ont besoin pour la pureté absolue, et pour cela il vaut mieux qu'elle soit amère.

. . .

L'irréalité qui du bien enlève le bien, c'est cela qui constitue le mal. Le mal, c'est toujours la destruction de choses sensibles où il y a présence réelle du bien. Le mal est accompli par ceux qui n'ont pas connaissance de cette présence réelle. En ce sens il est vrai que nul n'est méchant volontairement. Les rapports de force donnent à l'absence le pouvoir de détruire la présence.

On ne peut contempler sans terreur l'étendue du mal que l'homme peut faire et subir.

Comment pourrait-on croire qu'il soit possible de trouver une compensation à ce mal puisque, à cause de ce mal, Dieu a souffert la crucifixion ?

Bien et mal. Réalité. Est bien ce qui donne plus de réalité aux êtres et aux choses, mal ce qui leur en enlève.

Les Romains ont fait le mal en dépouillant les villes grecques de leurs statues, parce que les villes, les temples, la vie de ces Grecs avaient moins de réalité sans les statues, et parce que les statues ne pouvaient avoir autant de réalité à Rome qu'en Grèce.

Supplications désespérées, humbles des Grecs pour conserver quelques statues : tentative désespérée pour faire passer dans l'esprit d'autrui sa propre notion des valeurs. Comprise ainsi, n'a rien de bas. Mais presque nécessairement inefficace. Devoir de comprendre et de peser le système de valeurs d'autrui, avec le sien, sur la même balance. Forger la balance.

Laisser l'imagination s'attarder sur ce qui est mal implique une espèce de lâcheté ; on espère jouir, connaître et s'accroître par l'irréel.

Même attarder son imagination sur certaines choses comme possibles (ce qui est tout autre chose qu'en concevoir clairement la possibilité, chose essentielle à la vertu) c'est déjà s'engager. La curiosité en est la cause. S'interdire (non pas de concevoir, mais de s'attarder sur) certaines pensées ; ne pas penser à. On croit que la pensée n'engage pas, mais elle engage seule, et la licence de penser enferme toute licence. Ne pas penser à, faculté suprême. Pureté, vertu négative. Ayant attardé son imagination sur une chose mauvaise, si on rencontre d'autres hommes qui la rendent objective par leurs paroles et leurs actions et suppriment ainsi la barrière sociale, on est déjà presque perdu. Et quoi de plus facile ? Pas de point de rupture ; quand on voit le fossé, on l'a déjà franchi. Pour le bien, c'est tout le contraire ; le fossé est vu quand il est à franchir, au moment de l'arrachement et du déchirement. On ne tombe pas dans le bien. Le mot bassesse exprime cette propriété du mal.

Même accompli, le mal garde ce caractère d'irréalité ; de là vient peut-être la simplicité des criminels ; tout est simple dans le rêve. Simplicité qui fait pendant à celle de la suprême vertu.

Il faut que le mal soit rendu pur - ou la vie est impossible. Dieu seul peut cela. C'est l'idée de la Gîta. C'est aussi l'idée de Moïse, de Mahomet, de l'hitlérisme...
    Mais Jéhovah, Allah, Hitler sont des dieux terrestres. La purification qu'ils opèrent est imaginaire.

Ce qui est essentiellement autre que le mal, c'est la vertu accompagnée d'une perception claire de la possibilité du mal, et du mal apparaissant comme un bien. La présence d'illusions abandonnées, mais présentes à la pensée, est peut-être le critérium de la vérité.
    On ne peut avoir horreur de faire du mal à autrui que si on est au point où autrui ne peut plus nous faire du mal (on aime alors les autres, à la limite, comme soi-même passé).
    La contemplation de la misère humaine ar-

rache vers Dieu, et c'est seulement en autrui aimé comme soi-même qu'on la contemple. On ne peut la contempler ni en soi comme tel ni en autrui comme tel.

L'extrême malheur qui saisit les êtres humains ne crée pas la misère humaine, il la révèle seulement.
 Le péché et les prestiges de la force. Du fait que l'âme tout entière n'a pas su connaître et accepter la misère humaine, on croit qu'il y a de la différence entre les êtres humains, et par là on manque à la justice, soit en faisant une différence entre nous et autrui, soit en faisant acception de personnes parmi les autres.
 Cela vient de ce que l'on ne sait pas que la misère humaine est une quantité constante et irréductible, aussi grande en chaque homme qu'elle peut l'être, et que la grandeur vient d'un seul Dieu, de sorte qu'il y a identité entre un homme et un autre.

On s'étonne que le malheur n'ennoblisse pas. C'est que, quand on pense à un malheureux, on pense à son malheur. Mais le malheureux ne pense pas à son malheur : il a l'âme emplie de n'importe quel infime allégement qu'il puisse convoiter.
 Comment n'y aurait-il pas du mal dans le monde ? Il faut que le monde soit étranger à nos

désirs. S'il l'était sans contenir de mal, nos désirs alors seraient entièrement mauvais. Il ne le faut pas.

Il y a toutes les gammes de distance entre la créature et Dieu. Une distance où l'amour de Dieu est impossible. Matière, plantes, animaux. Le mal est si complet là qu'il se détruit ; il n'y a plus de mal: miroir de l'innocence divine. Nous sommes au point où l'amour est tout juste possible. C'est un grand privilège, car l'amour qui unit est proportionnel à la distance.

Dieu a créé un monde qui est non le meilleur possible, mais comporte tous les degrés de bien et de mal. Nous sommes au point où il est le plus mauvais possible. Car au-delà est le degré où le mal devient innocence.

3
LE MALHEUR

Souffrance : supériorité de l'homme sur Dieu. Il a fallu l'Incarnation pour que cette supériorité ne fût pas scandaleuse.

Je ne dois pas aimer ma souffrance parce qu'elle est utile, mais parce qu'elle *est*.

Accepter ce qui est amer ; il ne faut pas que l'acceptation rejaillisse sur l'amertume et la diminue, sans quoi l'acceptation diminue proportionnellement en force et en pureté. Car l'objet de l'acceptation, c'est ce qui est amer en tant qu'amer et non pas autre chose. - Dire comme Ivan Karamazov : rien ne peut compenser une seule larme d'un seul enfant. Et pourtant accepter toutes les larmes, et les innombrables horreurs qui sont au-delà des larmes. Accepter ces choses, non pas en tant qu'elles comporteraient des compensations, mais en elles-mêmes. Accepter qu'elles soient simplement parce qu'elles sont.

S'il n'y avait pas de malheur en ce monde, nous pourrions nous croire au paradis.
    Deux conceptions de l'enfer. L'ordinaire (souffrance sans consolation) ; la mienne (fausse béatitude, se croire par erreur au paradis).
    Pureté plus grande de la douleur physique (Thibon). De là, dignité plus grande du peuple.
    Ne pas chercher à ne pas souffrir ni à moins souffrir, mais à ne pas être altéré par la souffrance.
    L'extrême grandeur du christianisme vient de ce qu'il ne cherche pas un remède surnaturel contre la souffrance, mais un usage surnaturel de la souffrance.
    Il faut s'efforcer autant qu'on peut d'éviter le malheur, afin que le malheur qu'on rencontre soit parfaitement pur et parfaitement amer.

La joie est la plénitude du sentiment du réel.
    Mais souffrir en conservant le sentiment du réel est mieux. Souffrir sans sombrer dans le cauchemar. Que la douleur soit, en un sens purement extérieure, en un sens purement intérieure. Pour cela, il faut qu'elle réside dans la sensibilité seulement. Elle est alors extérieure (comme étant hors des parties spirituelles de l'âme) et intérieure

(comme concentrée tout entière, sur nous-mêmes, sans rejaillir sur l'univers pour l'altérer).

Le malheur contraint à reconnaître comme réel ce qu'on ne croit pas possible.

Malheur : le temps emporte l'être pensant malgré lui vers ce qu'il ne peut pas supporter et qui viendra pourtant. « Que ce calice s'éloigne de moi. » Chaque seconde qui s'écoule entraîne un être dans le monde vers quelque chose qu'il ne peut pas supporter.

Il y a un point de malheur où l'on n'est plus capable de supporter ni qu'il continue ni d'en être délivré.

La souffrance n'est rien, hors du rapport entre le passé et l'avenir, mais quoi de plus réel pour l'homme que ce rapport ? Il est la réalité même.

Avenir. On pense que cela viendra demain jusqu'au moment où on pense que cela ne viendra jamais.

Deux pensées allègent un peu le malheur. Ou qu'il va cesser presque immédiatement ou qu'il ne cessera jamais. Impossible ou nécessaire. Mais on ne peut pas penser qu'il est simplement. Cela est insoutenable.

« Ce n'est pas possible. » Ce qui n'est pas possible, c'est de penser un avenir où le malheur continuerait. L'élan naturel de la pensée vers l'avenir est arrêté, l'être est déchiré dans son sentiment du temps. « Dans un mois, dans un an, comment souffrirons-nous ? »

L'être qui ne peut supporter de penser ni au passé ni à l'avenir : il est abaissé jusqu'à la matière. Russes blancs de chez Renault. On peut ainsi apprendre à obéir comme la matière, mais sans doute se fabriquaient-ils des passés et des avenirs proches et mensongers.

Morcellement du temps pour les criminels et les prostituées ; il en est de même des esclaves. C'est donc un caractère du malheur.

Le temps fait violence ; c'est la seule violence. Un autre te ceindra et te mènera où tu ne veux pas aller ; le temps mène où l'on ne veut pas aller. Qu'on me condamne à mort, on ne m'exécutera pas si, dans l'intervalle, le temps s'arrête. Quoi qu'il puisse arriver d'affreux, peut-on désirer que le temps s'arrête, que les étoiles s'arrêtent ? La violence du temps déchire l'âme : par la déchirure entre l'éternité.

Tous les problèmes se ramènent au temps.

Douleur extrême : temps non orienté : voie de l'enfer ou du paradis. Perpétuité ou éternité.

Ce ne sont pas la joie et la douleur qui s'opposent, mais les espèces de l'une et de l'autre. Il y a une joie et une douleur infernales, une joie et une douleur guérisseuses, une joie et une douleur célestes.

Par nature, nous fuyons la souffrance et cherchons le plaisir. C'est uniquement par là que la joie sert d'image au bien et la douleur d'image au mal. D'où l'imagerie du paradis et de l'enfer. Mais, en fait, plaisir et douleur sont des couples inséparables.

Souffrance, enseignement et transformation. Il faut, non pas que les initiés apprennent quelque chose, mais qu'il s'opère en eux une transformation qui les rende aptes à recevoir l'enseignement.
Pathos signifie à la fois *souffrance* (notamment souffrance jusqu'à la mort) et *modification* (notamment transformation en un être immortel).

La souffrance et la jouissance comme sources de savoir. Le serpent a offert la connaissance à Adam et à Eve. Les sirènes ont offert la connaissance à

Ulysse. Ces histoires enseignent que l'âme se perd en cherchant la connaissance dans le plaisir. Pourquoi ? Le plaisir peut-être est innocent, à condition qu'on n'y cherche pas la connaissance. Il n'est permis de la chercher que dans la souffrance.

L'infini qui est dans l'homme est à la merci d'un petit morceau de fer ; telle est la condition humaine ; l'espace et le temps en sont cause. Impossible de manier ce morceau de fer sans réduire brusquement l'infini qui est dans l'homme à un point de la pointe, un point à la poignée, au prix d'une douleur déchirante. L'être tout entier est atteint un moment ; il n'y reste aucune place pour Dieu, même chez le Christ, où la pensée de Dieu n'est plus du moins que celle d'une privation. Il faut arriver jusque-là pour qu'il y ait incarnation. L'être tout entier devient privation de Dieu ; comment aller au-delà ? Il n'y a plus, après cela, que la résurrection. Pour aller jusque-là, il faut le contact froid du fer nu.

Il faut au contact du fer se sentir séparé de Dieu comme le Christ, sans quoi c'est un autre Dieu. Les martyrs ne se sentaient pas séparés de Dieu, mais c'était un autre Dieu et il valait mieux peut-être ne pas être martyr. Le Dieu où les martyrs trouvaient la joie dans les tortures où la mort est proche de celui qui a été officiellement adopté par l'Empire et ensuite imposé par des exterminations.

· · ·

Dire que le monde ne vaut rien, que cette vie ne vaut rien, et donner pour preuve le mal, est absurde, car si cela ne vaut rien, de quoi le mal prive-t-il ?

Ainsi la souffrance dans le malheur et la compassion pour autrui sont d'autant plus pures et plus intenses qu'on conçoit mieux la plénitude de la joie. De quoi est-ce que la souffrance prive celui qui est sans joie ?

Et si on conçoit la plénitude de la joie, la souffrance est encore à la joie comme la faim à la nourriture.

Il faut avoir eu par la joie la révélation de la réalité pour trouver la réalité dans la souffrance. Autrement la vie n'est qu'un rêve plus ou moins mauvais.

Il faut parvenir à trouver une réalité plus pleine encore dans la souffrance qui est néant et vide.

De même il faut aimer beaucoup la vie pour aimer encore davantage la mort.

Copyright © 2022 par FV Éditions
Couverture et mise en page : Canva.com, FV Ed.
ISBN Livre broché 979-10-299-1445-4
Tous Droits Réservés

www.ingramcontent.com/pod-product-compliance
Lightning Source LLC
LaVergne TN
LVHW031607060526
838201LV00063B/4765